奥会津
下郷のむかしばなし

佐藤純江　編者

歴史春秋社

発刊のあいさつ

平成十三年『南会津地方のざっと昔』（南会津地方老人クラブ連合会編）の編集に携わり、その後、三回の研修会を終了した時、受講者の中から「このままではもったいない」という声があり、昔話の会が発足しました。

個人的に保育所や小学校で語った人もいましたが、会として戸赤の桜まつり、湯の上の温泉まつり、老人会の集会などに招かれ、昔話を語った時もありましたが、本格的に活動を始めたのは社会福祉協議会のデイサービスです。そして毎月一回、ボランティアとして昔話を語り通所者に楽しんでもらうよう努めてきました。

最初十五名だった会員も、退会された方、亡くなられた方、施設に入られた方などで少なくなりました。十五名のうち三名が「いきいき県民賞個人賞」をいただきました。

今、活動出来る人は二名になり、年に二回の活動になってしまいました。今年も町のおひなまつりに出演依頼をうけ二人で昔話と手品を披露します。

これまでに、平成二十七年、県知事より「いきいき県民賞団体賞」を、下郷町長より感謝状を、さらに平成二十八年には民友愛の事業団より「福祉活動奨励賞」と奨励金をいただきました。

その奨励金を有効活用し、私達の活動の足跡を残すために、今まで語ってきた話をささやかですが一冊の本にまとめることにいたしました。

原稿を寄せて本になるのを見ずに旅立たれた、私達の頼れる先輩の佐藤ツネさんと友人の渡部於秋さん、二人とも有力なすぐれた語り部でした。二人には心より感謝し、ご冥福を祈り謹んでご仏前に捧げます。

今までご協力、ご指導下さった多くの機関、関係者、友人達に深甚なる感謝の心をこめて、世に出したいと思います。この小冊子がいつか、誰かのお役に立てることがあることを願って発刊のごあいさつといたします。

令和二年二月吉日記す

下郷町昔話の会代表　佐藤　純江

目次

発刊のあいさつ　3
五月節句の蓬と菖蒲のいわれ　10
鏡沼の二つの話　12
坊主とお経　18
のっぺらぼうの話　22
太郎の欠け椀　26
へっこき嫁　32
ならなしとり　37
じいやんとたぬき（春三月頃の話）　46
どぶと兄弟　49
しじゅうから爺さん　53
殿様をばかした男　55
馬鹿婿話　59
ぶんぶんたいこになるたいこ　61
小牧太郎と名付けた狐の一笑　65
ばか息子の話　67
小判と竹竿　70
ままっこと白鳥　74
大内のオチョウさん　79
天狗になった兄坊主　81
ねずみのくれたふくべっこ　85
天の羽衣　89
桃の節句のヒシモチの話　95

桃の節句 96
桃の節句、おひなさま 97
大力楢原玄蕃伝 99
＝付録＝ 小 話 105
＝佐藤ツネさんの思い出の記＝
「語り部」として、
子どもたちと心の交流 108
思い出の写真 112
あとがき ――昔話、裏話の思い出―― 115
参考文献／話者一覧 117

本書に掲載されているむかしばなしは、寄稿や引用および語り部からの聞きとりを文にしたものであるため、文体や文字の統一はしておりません。

また、作者（話者）不明なものは言い伝えのまま載せています。

何卒ご了承くださいますようお願い申しあげます。

奥会津
下郷のむかしばなし

五月節句の蓬と菖蒲のいわれ

昔々あったど。欲ばりの男があんまりご飯を食べない嫁が欲しかったので、嫁を何人ももらっては追い出して、一人で暮らしていたど。

ある夜、裏の方から、ばあさまが入ってきて「住む家がないので稼がせて下さい。食べものはいらないから、仕事は一生けんめいやります」と言ったど。

男は大よろこびで、そのばあさんをやとったど。

そのばあさんは、余り一生けんめい働くので欲深い男は「少しなら食べてもよい」と言ったど。

そのうち欲ばり男が米蔵をのぞいて見ると、不思議な事が起こった。粟も稗《ひえ》もお金もだんだん減ってきた。それで欲の深い男は不審に思って、夕方、ばあさまの様子を見ようと思って、天井裏に上り、節穴から下をのぞいて見ると、ばあさまは飯を炊いて、やきめしを作り、それを頭の髪の毛の中に投げ込んでいたと。

それを見た男は「これは人間でない、化け物だ」と身をふるわせたと。すると、その音にばあさまは気づいて、がんがん天井裏に上がってきたど。

男はおそろしくなって裏の方に逃げると、追っかけてきたど。ちょうどそこには大きな木があって、男は木の下の深い草の中にかくれたど。

そこは蓬と菖蒲が混み合って繁っていたど。しばらくして、男が立ち上がってみると、化け物の姿はなく、男は助かったど。

男は「ああよかった。これで命拾いした」と言って蓬と菖蒲を刈って神様にお供えしてまつったと。

ちょうど、その日は五月五日だったと。

今でも五月五日の節句には蓬と菖蒲を玄関に下げるか、屋根が低い時は屋根にさして魔除けをする習慣があります。


（『下郷町史』参考）

鏡沼の二つの話

下郷町の東南方、那須岳への途中に鏡沼という不気味な沼がある。岩に囲まれた周囲およそ五〇〇メートル、深さ一七、八メートルほどの手鏡のような形をした沼で、下野《しもつけ》（現在の栃木県）との国境の秘奥にある。

沼の主は大蛇だと伝わっているが、時代を経るごとに、大蛇にまつわる伝説がいろいろと生まれてくる。次はその中の二つの話の聞き書きである。

その一　天女の恩返し

源平の時代、下野国に那須の八郎という強弓《ごうきゅう》の郷士がいた。狩に出て三斗小屋から会津に入ったところ、密林内でうめき声が聞こえた。そこで近寄って見ると、むかでと大蛇が闘争し、大蛇が咽喉《のど》をかみ切られて苦しんでいる。

八郎は大蛇をかばい強弓を引いたが、むかでは固くて駄目である。そこで、伊吹山俵藤太の故事にならい、矢につばきを付けて放ったところ、むかでの咽喉を貫いた。このむかで退治で八郎は有名になった。

そうして二、三年経ってから、連日大雨の中を西国巡礼の娘子《むすめご》が、八郎の家の作業場に雨やどりをしていた。家の二階から八郎がヒョッと見ると双方の視線がピッタリ合った。

可愛そうになって娘を屋内に入れて休ませた。雨はますます強く三、四日なかなか止まない。幾夜か泊まるうち、そこはそれ、生娘《き》と荒武者は結ばれた。

娘の名はおりょう、みもちになり早や臨月、出産の日も近い。産屋《うぶや》を決してのぞくなと戒《いきし》められて八郎は承知した。三、四日経っても開けてよいとは言わぬので、難産かと心配のあまり八郎は戸を開けてしまった。すると大蛇の難産の場、八郎は顔色が蒼白し、息も絶えんばかりに驚いてしまった。

さて、おりょうは産屋を出て、約束を破って扉を開けたことをなじったが、素性《すじょう》がわかってしまったので、泣き泣き白状した。「私は鏡沼の大蛇で、先年むかでを退治して、

助けていただいた御恩返しのため、かしずいて恋におちた。この子は真《ま》っとうな人間だから、もし、むずかったり、病《やまい》のときは、この宝玉をなめさせて下され。無事に育つから案じることはない。名残《なご》りは尽きないが、きりはない。さらばー」とたちまち雲竜となって鏡沼に飛び去っていった。

子供が四、五歳になると、「母に会いたい」と言うので、鏡沼に訪ねて行った。「おりょうよ、子供が来たから顔を合わせてくれろ」と言うと、にわかに沼に波が立ち、おりょうが人身で現れた。そして「抱いてくれ」と頼むと、「これ一度だ。後はもう会えない。私の身分は天女なのだが、ある罪に問われて鏡沼に落とされていたところ、天上の罪をゆるされて今、天に昇ろうとするその日に、やっと会えたので心残りはない」と、親子三人抱き合って涙にむせんだ。

それっきり、ながの別れとなり、おりょうは天女となって天津空《あまつそら》に昇っていった。子供は無事成人して士官もでき、天晴《あっぱ》れな成功を遂げたという。

その二　鏡沼の大蛇

鏡沼は水底《みなぞこ》がよどんで青黒く、まわりを小高い丘が囲んで、そよ吹く風でさざ波一つ立たない。

ある時、南倉沢《なぐらさわ》の猟師がその辺りの山に猟に出かけた。よく晴れた日で山から山へ、そして尾根を越えて獲物《えもの》を探した。しかしその日は兎一羽《わ》も出てこず、しかたなく帰ろうとして途中鏡沼のほとりを通った。

ふと見ると、沼にさし出た木の股に白いものが見えた。その日の不猟のこともあって、これはよい獲物とばかりねらいを定めたが、よく見ると、何とそれは女の裸身。アッと気付いたもののもう遅い、すでに引き金を引いてしまっていた。

弾丸がその女体に命中したかと思うと、その姿は消えて、みるみる大蛇と化し沼の中に逃げ失せた。すると、たちまちあたり一面暗闇に包まれ、天空妖雲たれ込め、なまぐさい霧とも何ともつかぬ、もやもやが身辺を覆《おお》い、視界はまったくきかなくなってしまった。

猟師は途方に暮れたが、家路の方角と見定めて歩き出したところ、行けども行けども霧はますます深く、目標は何一つない。三日三晩歩き疲れて、やっとたどりついた小屋は、村から遠く離れた幽谷であった。

沼の主の大蛇を討った猟師の家には、やがてたたりがあるだろうと噂されたが、その当時は何事も起こらなかった。

しかし、その後、猟師の家に生まれた子供は、目の悪い人が多く、成人しても毛髪がなく、体毛一本なかった。しかし力は非常に強く、山道にあえぎ疲れた馬を、その荷物ごと馬を担いで峠を越えたこともあった。その家ではそれ以来、鏡沼には決して近づかなかった。そして罪障消滅《ざいしょうしょうめつ》の祈りを怠らず、代々信心深い日常を送り、もちろん鉄砲撃ちはやめてしまった。

村の人々は、その討たれた大蛇は大木の枝に登り女人の裸形となって、沼の水鏡に自分を映していたのだろうと語り伝えられている。

坊主とお経

山里の小さな村里に、人もうらやむような老夫婦が住んでいた。その夫婦は今年金婚を迎えたばかりで、若々しく見えるが、今年は農業を休もうと考えていたところだった。

金婚の日から三日目だった。夫がばあちゃんと、いろり端で話していた時、バタッと倒れ、呼んでもつねってみても反応がなく、そのまま死んでしまった。ばあちゃんは夫の顔を見つめ、しばらくぼうぜんとしていた。朝早かったので近所の人にも知らせることも出来ずボーッとしていた。

それから一年、人と話すこともなく、やつれはてて、全く変わってしまった。働く元気もなく家にとじこもってしまった。

しかし、よその家に盗人が入って中が荒らされた話をきくと、自分の家にも盗人が入るかもしれない、と心配し、何かよい方法はないかと考えた末、お寺の坊さんなら、よい知恵があるかもしれないと考えて早速、お坊さんを訪ねた。杖をつきながら寺の長い階段をゆっくりと登っていった。

お坊さんは鉢植に水やりをしていた時だったが、おばあさんがわざわざ出向いて来るとは何だろうと思った。

坊さんに迎え入れられたばあさんは語り出した。「私も七十を過ぎているし、盗人に入られたら、と心配です。お金も少しあるし、どうしたらよいかお坊さんに教えてほしいのです」と言った。すると坊さんは、これと言ったよい方法がなく、ばあさんにどう答えてよいかわからなかった。

坊さんは、いつものように堂の仏の前に正座して何やら唱えるような声を出しては休み、しばらく座していると、お堂の下の方からネズミが一匹出ようとしていた。すると坊さんは「オンチョロチョロ」と声を出した。するとネズミは驚いたのかそこに立ち止まった。坊さんはまた「オトマリ」と声を出した。するとネズミは気づかれたと思い、さっきの穴の方に入っていった。すると坊さんは「オカエリ」と声を出した。

坊さんは「オンチョロチョロ、オトマリ、オカエリ」とお経のように三度唱えると、ばあさんの方に向きなおって、この言葉を何回も声に出して唱えなさいと教えた。

寒い季節だったので、ばあさんはコタツに入って坊さんに教えられた言葉を暇をみてはくり返し唱えていた。

年の瀬も迫った吹雪の夜のこと、ばあさんは、いつもより早く床についた。その夜もおそく、一人の盗人が入ってきた。それに気づいたばあさんは「オンチョロチョロ」とくり返すと、盗人は気づかれたと思い立ち止まった。するとばあさんは「オトマリ」と言った。盗人はあきらめて帰った。するとまた「オカエリ」と言うばあさんの声がした。盗人は何も取らずに早々に逃げていったので事なきを得て、おばあさんは、お坊さんの有難いお経のおかげとお礼を言ったとさ。


（佐藤基雄のメモ帳より）

のっぺらぼうの話

昔むかし、あるところに、あきね[※1]して峠道を歩《ある》ってた男が居たったと。

「暗くなんねうちに、この峠越えられっぺかな」と急ぎ足でのぼってきたたど。

せっせと、急いではいただが、気ばっかりあせって峠道越すころは、はあ、とっぷりと日が暮れっちまってな、峠道下るっつうど、そこは大川になって、その土手っぷちには、太いしだれ柳があってな、サワサワ音はするし、人の気配はするし、うす気持わりい物音や、女の人の泣き声みてな声がきけてきたと。

何だか誰か居るみてな気がしたので、その方に近よってみたら、やっぱり居たった。きれいな着物着た若い女の人が、シクシク泣いていたのな。たもとで顔を、かくしてっから、どんな人だかさっぱりわかんねがったが、あきねの男は聞いてみた。

「なんでこんなとこで泣いてんだ。道にでも迷ったが言《ゆ》ってみろ」そんじぇも泣いてばっかりで、たもとで顔かくしてたど。

「こっち向いてみろ」って言《ゆ》っても、なかなか向かなかった。やっとのこと、たもとはずして顔見せたど。

女の人は、「こんな顔でもええのか」って見せた顔は、なんと目も鼻も口もまゆげも、なあんにもねえのっぺらぼうだったと。

「ひゃあ、ばけものだ」男は、腰抜ける程たまげっちまって、「大変だ、ばけものだ。大変だ、ばけものが出た」っつって、夢中で、逃げただと。逃げながら、どこか、あかしつ※2いでっとこねえか、あかしついでっとこねえがつって、あっちこっち、さがして歩き廻った。

そうした時、遠くの方に、ちっちぇあかしが、ぼーっと見えてきた。

無我夢中でそのあかし目当てにかけこんでみたら、それは夜なきそばやのチョウチンのあかしだった。男は息を切らせながら、そばやにとびこんだと。

「あっ良かった。こんなところに、そばやがある。助かった」そう言いながら、胸なでおろしただと。

男は、夜なきそばやのじいさまに、今会ってきた女の、のっぺらぼうの話を語ってきかせたと。黙って、うしろ向きになって聞いてたじいさまは、くるっと前向《めえ》いたかと思ったら、ペロッと頭から、手拭いをはずして、「もしかして、こんな顔してねえかったかよ」っつって顔、見せたと。その顔も、なんとのっぺらぼうだったと。じさまに助けてもらべと思ったのに、のっぺらぼうとは。

あきねの男は、大声で「また、ばけものが出た」っつって腰抜かして倒れちまったど。

次の日の朝、村のもんが、あきねの男をめっけて起こしたっけが、やっと、気が付いて、あきねの男は「おっかねがった。おっかねがった」と、ゆんべあったのっぺらぼうの話、みんなにおせった[※3]と。

そうすっと、村のもんは、「ははん、またあの古だぬきのいたずらか、あのたぬきに、ばかされただべ」って、おせらっちゃと。

古だぬきは、夜通る人を、ばかにしてたっつうことだ。あきねの男は、そんじ、古だぬきに、ばかされたつうことだ。たぬきのしわざだとはじめて、わかったとゆうこった。

人をばかした古だぬき、おしまい。

（渡部　於秋）

※1　あきね＝あきない　※2　あかし＝あかり　※3　おせった＝教えた

太郎の欠け椀

むかしあるところに、三人の息子が父親と一つ屋根の下に暮らしていたど。息子たちが大きくなってくれば、あたり前のことながら、それにつれて父親も年をとる。そこで、俺もかれこれ年だ。いまのうちに、あととりを決めねばなんねえ。世間では総領（長男）をあととりにしてるが、おら家の総領の太郎ときたら、のんびり屋でたよりない。だが、二男の次郎も三男の三郎も、目端《めはし》はきくものの世間をまだよく知らない。そうだ、こうしようと、息子たちを座敷によび、

「それぞれが家を出て、商売にでも、奉公働きにでもはげんで、三年たったらうちにもどれ、一番の働きをしてきた者をあととりにする」

そう言って、なにがしかの銭をそれぞれに与えて送り出した。

喜んだのは次郎と三郎、ようし、あととりは俺だ。さっそく町へ出た次郎は父親から

もらった銭を元手に古着屋を、三郎はめし屋を始めた。太郎も町へ出てはみたが、自分ができそうな商売が思いうかばない。ぶらぶらしているうちに、一文なしになってしまった。いくつかの店で奉公働きをさせてもらったが、けいろく[※1]がわるいので、つかいものにならないと、たちまち追い出されてしまう。太郎はわれながら、なさけなくなった。

次郎も三郎も商売上手で、ぬけめなくやっているというのに、にぎりめし一つ買うこともできない。このままおめおめと家に帰るわけにもいかないしなあ。これからいったいどうしたらよかんべ。いっそのこと、山の向こうの町へでもいってみるとするか。

太郎が山道をとぼとぼ歩いてゆくと、おんぼろの着物をだらしなく身にまとった小がらなおばさが、どこからともなく、ひょっこりあらわれた。ばさばさの頭《つぶり》の毛は銀色をとおりこしてまっ白で、顔はしわだらけで、山んばにちがいない。

「こわがらなくてもええ、晩げ様[※2]で、日が暮れるというのに、どこまでいくつもりだや」

ひどいがらがら声ながらまなぐ[※3]はやさしい。

「あ、あてなどありません。日が暮れたら、野宿するつもりでした」

「ばかをいうな。この山には、くまもおれば、おおかみもいるのだぞ。おらの家にとまるがいい、とって食いやせん。働く気があるなら、働かせてやってもいいぞ」

山んばが、しわだらけの顔を、ひひっとほころばせた。

「ぜひとも働かせてください」

「ならば、ついてくるがいい」

太郎はこうして、山んばのそまつな小家で暮らしを共にするようになった。

朝は星のあるうちに起こされて、谷川へ水くみ、それがおわると薪わり、めしたき、昼間は畑しごとだ。日が落ちれば、風呂たき、夜は夜で、粉ひきや縄ない、さらには山んばの肩もみ。

太郎はいつしかすっかり働き者になって、気がきくようにもなった。こうして三年の月日がたったある日、太郎が家を出たわけをうちあけると、

「そおだごとは初めからわかっておったさ。おまえはこの三年、ぐち一つこぼさず、よく働いてくれた。給金のかわりに、これを持って帰れ」

山んばはふところに手を入れ、古い木のお椀をとり出した。ふちがあちこち欠けていて、めしつぶがこびりついていたりしていた。

「これはな、わしのたった一つの宝じゃが、おまえにやろう。銭が入り用になったら、この椀をふせて、椀の尻をトントントンと軽くたたけ、ほしいだけの小判が出る」

太郎は欠け椀をありがたくもらい受けた。

「長いことお世話になりました。どうか、いつまでもお達者で」

太郎が三年ぶりにわが家に帰ってみると、父親は病の床、先に帰っていた次郎も三郎も、しょんぼりしている。二人は町で銭もうけに我を忘れ、欲ばりすぎたばっかりに、いまではすってんてん。父親に医者をたのむこともできないでいた。太郎が三年も働いて、ふちの欠けたきたならしい椀を一つもらってきただけと知った次郎と三郎は、

「がっかりした」

「あーあ、三人が三人、そろいもそろって一文なしか」

そこで太郎が欠け椀をふせて、トントントンと軽くたたくと、小判がチャリン、またチャリン、またまたチャリン。

「さあ、すぐに医者を！」

医者の手当てとくすりで元気をとりもどした父親は、あとつぎをまようことなく太郎に決めた。次郎と三郎は、太郎が欠け椀から出した銭をかりて、こんどは手がたく商売にはげんだので、もう心配ない。

太郎は太郎で欠け椀の銭にたよることなく、毎日よく働くおかげでいつまでも幸せに暮らしたということだ。

※1 けいろくがわるい＝気がきかない

※2 晩げ様＝夕方

※3 まなぐ＝目

（室井　八郎）

へっこき嫁

　昔むかし、あるところに住んでたと、おとっつあと、おかあと娘と。娘も年ごろになって、あっちこっちと嫁のもらい手があってな、そうだぎんじょも、この娘は、人のまねの出来ねような悪いくせが一つあっただど。娘も、嫁に行くことになって、おとっつあとおかあは、そのへったれっことよくよくがまんするように、言い聞かせて嫁にやったと。

「嫁に行ったら、へったれぐせ気つけろよ」ってそう言《ゆ》わっちゃことが、頭の中さ残ってたもんだから、嫁に行ったばっかりは、よくよくがまんしてだぎんじょも、二月《ふた》三月《み》とたつうちに、へがまんしてんのが、せつなくなってきた。腹張ってくんの、がまんしてたもんだから、顔色は、悪くなってきた。

　ある晩、嫁は、姑さまと、針仕事してた。ひょいと嫁の顔見るっつうど、何だか顔色が悪いのに気がついた。姑さまは、

「あね、顔色悪《わり》ぞ、どこか具合でも悪んねえか」

「おら、どごも悪ぐね」と返事しただど、そんじぇも嫁の顔色悪いの前々から知ってたもんだから、

「それにしても顔色悪いのは、こねだからでねえの。悪どこあったら言ってみろ」

「おら、どこも悪ぐなんどねえ」

「本当に悪ぐねえのが、からだ悪がったら、早く休んだらなじょだ」

と念押して言わっちゃど。

嫁は、あんまり、やさしく言われんので、とうとう、かくしぎんにゃくなっちまって言ったど。

「おら、はあ、腹張って腹張って、がまんしぎんにゃくなっちまって、せつねえだ。ほんじも、無調法になっちまぁがら」

とそう言って、青い顔して返事したど。このことを聞いて、姑様は、何だそんな事か、と、おかしがったり、安心したりしてな、

「そだごとだら、何にもかまね。へたっちがったら、がまんしてねえで、たれでもええ

ぞ。がまんしてたら、が[※1]おっちまあぞ」

と嫁に言ったと、そんじも嫁は気《きい》つかって、

「そうだぎんじょ、おらのへは、みんなと違うぞい。みんなと同じがったら、がまんなんどしねだぎんじょ、おらのへは、みんなたまげっちまうほどのもんで」

とそう言って、本当に困ったように答えただと。

「ほんじゃってほかのことでねえ早く、たっちゃ方が、せいせい出来っから、何もがまんしてっことねぇ」

姑様も、なんとか嫁に、気つかせねように、そう言ったと。そんじぇ嫁は、安心したのか、

「ほんじゃごめんしてもらべ、そんじゃぎんじょ、そのめえに、おとっつぁまは、炉ぶちさつかまってくんつぇ、おっかさまは、戸さしっかりつかまってくんつぇ」

と言って、二人共しっかりつかまったのを見届けるっつうど、安心して、ボカーンと思いきって、でかいのが、出っちまった。今まで、がまんしてたのが、腹いっぺぇたまってたもんだから、次から次とつづけて出っちまって、なかなか止まんねくなっちまってたど。

　このへのいきおいで、炉ぶちさつかまってたおとっつぁまは、と[※2]んぼぐちまで吹っと

ばされるし、戸さつかまってたおっかさまは、屋根の煙出しんとこまで吹きとばさっち、さっきの嫁の顔色より青くなってたと。嫁は、今さらながら、わがへの力の大っきのに、たまげっちまったが、次々出てくるへをなかなか止めっこと出来ねかったど。煙出しの細木につかまってたおっかさまは、

「あね、への口止めろ、への口止めてけろ」って、ふるえる声でたのんでも、なかなか止まんねかったと。嫁はちっとたってから、へたれんの止めたそうだ。よくよく、おっかさまは、おっかなかったとめえて煙出しんところから、おろさっちも、せかせかと肩で息ついて、さっきの嫁の顔色より青くなってただと。

それからまもなく嫁おんださっちまったと。しょねわな、おれが無調法しっちまったたから。そう考えて、ちっちぇふろしき包み一つ持って、※3わが家《え》の方さ歩ってったと。したっけが、こっつあ向かってくる※4あんつぁまの姿がめえた。あんつぁまは、大工《でえぐ》で、長いこと、かせぎに行ってたもんで、やっと家《え》さけえってくっとこだった。

「なんだに※5しゃどこさいくだ」

「おら無調法しっちまって、家さけえっさっちゃだ、家さけえっとこだ」

そう言って話よくよく聞いてみっと、

「何だそんなことが、まあ、おれに、いいかんげえがある。まずまず一緒に家さけえんべ」

そう言って、また来た道を戻ってきたと。あんつぁまは、ほれ大工だべ、家造んのなんのわけねべ、そんじぇちっちぇげんじょも、一つ部屋造ってくっちゃど。嫁に、「もし腹張って出たくなったら、ほら、がまんしてねぇで、いつでもここさ来て、へたれろ。ここは、おめえの部屋なだがんな」

そう、あんつぁまは、言ってくっちぁど。部屋造ってもらった嫁は、安心してな、へたれらっちぁだど。それからっちゅうもんは、その部屋のおかげでみんな、なかよく、暮らしたっちゅうはなしだ。

（渡部　於秋）

※1　がおる＝体の具合が悪くなる

※2　とんぼぐち＝玄関、入口

※3　わが家《え》＝自分の家

※4　あんつぁま＝兄さん

※5　にしゃ＝お前

ならなしとり

むかし……。太郎と次郎と三郎という三人の兄弟が、おかあと暮らしていた。

あるとき、おかあが病気になった。いろいろ薬も飲ませたりしたけれど、だんだんと悪くなるばかりだった。三人の兄弟は、こりゃあ、もしものときにゃ、もしもってことがあるかしんねえと、口には出さねえが、そう思ったと。そして、

「おかあ、なにか食いてえものはないか」

そう聞くと、

「おらあ、なんも食いたくないが、ならなしちゅうもんをいっぺん食ってみてぇなあ」

ほそい声で言ったと。

「よし、ならなしだな。取ってくるべ、待ってろよ」

兄の太郎がそう言って、出かけることになった。

ところがさて、ならなしはどこにあるべと聞いてみると、もどらず山にあるという。たいした元気のつくうまいなしで、それ食えば、病気はいっぺんになおるほどだが、もどらず山にはまものが住んでてよ、人をとって食うからよ、行ったらもどってこられまい、という話だった。

それでも太郎はやっぱり行くと言って、かごを背負って出かけて行ったと。

太郎が山の中さ行くが行くが行くと（どんどん行くと）、大きな岩があって、その上にばあさまがすわっていた。太郎は見て見んふりをして通りすぎようとすると、ばあさまが、

「どこさ行く」

と、声をかけた。

「もどらず山へならなし取りに行く」

それを聞くと、ばあさまはものあんじ顔に、ゆっくり首をふって言った。

「ここをまっすぐ行くと、道が三本に分かれていて、笹が三本立っているだ。その笹の言うことをようく聞くだぞ。『行くなっちゃカサカサ』『行けっちゃカサカサ』、そうなっているだからな。『行けっちゃカサカサ』と言った方へ行くだぞ。そうして、その先に

は川があって、ザンザンなっている。もし、『もどれやザンザン』となっていたらもどるだぞ」

太郎はみなまで聞かず、「ふん、分かった」となま返事をして、また行くが行くが行くと、確かに道が三本、分かれているところへ来た。笹が三本立っていて、なにやらカサカサ、カサカサ、言うておった。

ところが太郎は、ばあさまの言うこともろくに聞いてもいなかったものだから、笹がカサコソ言っていることなど気にもかけず、足の向く方へ歩いて行った。その道は「行くなっちゃカサカサ」、笹がそう教えている道だった。

さて、太郎がその道を行くが行くが行くと川に出た。川は、

もどれや　ザンザン
もどれや　ザンザン

と、なっていた。

太郎はさすがに気がついて立ち止まって考えたがここまで来てもどれるか、と思って川へざぶざぶ入っていった。

すると、たちまち深みに足をとられ、ざんぶりところげて流されたが、なんとかはい上がって、ようやく向こう岸に着いた。

そうしてまた、行くが行くと沼があって、そのふちにたった一本大きななしの木が立っていた。見上げると、ならなしがざらんざらんとなっていた。

太郎は、これだっと思って、木にとびつくとよじのぼり、かごを木にくりつけて、なしをもぎはじめた。

そのかげが水さうつると、水はとろりとゆれて、

めーけじゃ　めーけじゃ

きょうの　かーのこ

めーけじゃ

というきみの悪い声がして、沼の主のだいじゃが、まっかな舌をへらへらさせて出てきた。

そうして、みるまに太郎はげろっと飲まれてしまった。

上の太郎がなんぼ待っても帰ってこないので、今度は次郎が出かけた。

次郎も行くが行くが行って、岩の上のばあさまに会った。

そうして、太郎とおなじことを確かに言われたのに、太郎と同じようによく聞きもしなかったので、太郎と同じことをしてしまい、沼の主に、げろりと飲まれてしまったと。

さて、末の三郎は兄二人が帰ってこないので、今度は自分が出かけて行った。

行くが行くが行くと、岩の上にばあさまがいた。三郎はばあさまを見ると、つかつかとばあさまのそばへ行って、

「ばあさま、ばあさま、ちょっとものをおたずね申す。二人の兄がもどらず山へならなしを取りに行ったまま、もどってこん。おかあは病気で、兄さんのもどりを待っとる。様子を知っていたら、どうか、教えてくろ」

と、たずねたと。ばあさまは、

「ああ、おまえはええ子だ。兄たちは二人共このばばの言うことを聞かないから、もどってこれんのだ。よくよく、気をつけて行けよ。草がもの言うたら、草の話を聞け、川がもの言うたら川の話を聞くだぞ」

そう言うて、ひとふりの刀をくれた。

三郎は厚く礼を言うて、行くが行くが行くと、三本道のところへ出た。

笹が三本立っていて、

行けっちゃ　カサカサ
行くなっちゃカサカサ
行くなっちゃカサカサ

と、小さな声で、ささやいておった。

三郎は、ああ、ばあさまの言ったのはここのことだな、と思って、じっと笹の言うことを聞いていた。

それから「行けっちゃカサカサ」となっている道をずんずん行くが行くが行くと、川に出た。川は、

行けっちゃ　ザンザン
行けっちゃ　ザンザン

と、音をたてて流れていた。

三郎は、ああよかったとざぶざぶわたり、沼のふちに生えているなしの木の下さ、ようやく着いたと。そうして、ざらんざらんとなっているならなしの実をじっと見上げて

いると、ならなしは風が吹くたびに、

　東のがわは　おっかねえ
　西のがわも　あぶねえぞ
　北のがわは　かげうつる
　南のがわからのぼってこう
　　ざらんざらん

と、うたっていた。

二郎は、ははあ、南のがわからのぼれと言っているな、とうなずいて、南がわから木にのぼっていった。

すると、見覚えのある太郎のかごと次郎のかごがひっかかっていた。けれども、太郎の姿も次郎の姿もない。もしやと思ってきたが、やはり、まものにとって食われたべかと、北のがわのえだに足をつけて、思わず沼の中さのぞき込んでしまった。すると、

　めーけじゃ　めーけじゃ
　きょうも　かーのこ

めーけじゃ

という、なんともかともきみの悪い声がして、沼の主が出てきた。まっかな舌をへらへらさせ、ひと飲みと三郎めがけてのび上がってくる。

三郎は、ここだと腹を据え、ばあさまにもらった刀をぴらりと抜いて、沼の主に切りつけた。

主は切られたところから、みるみるくされて、ぐたぐたと折れ曲がり、死んでしまった。と、腹の辺りから、「ほうい、三郎やあい」と小さな声で呼ぶものがいる。

さてはと思って、腹をさいてみると、太郎と次郎が青い顔をしてよろよろと出てきた。

そこで、ならなしをもいで食わせると、みるみる元気になった。

「なんたら、元気のつくなしだべ。さあ、はやくおかあに食わせよう」

三人の兄弟は、ならなしをかごいっぱい取って背負うと、揃って家に帰った。

そうして、おかあに食わせると、おかあは一つ食えば一つだけ、二つ食えば二つだけ、みるみるよくなって、また親子四人楽しく暮らしたということだ。

とーびんと

（佐藤　ツネ）

じいやんとたぬき（春三月頃の話）

むかし、あるところで、じいやが、山へ、木を切りさ行ったど。そしたら、やぶのむこうのほうに、たぬきが、いたのな。たぬきは、じいやに気がついて、あわてて、つばきの木の、しげみに、かくっちゃたど。

じいやは、たぬきを、つかめてくれっぺぇと思って、気がつかねふりして、つばきの木に近づいて、上を、見上げてたぁど。

「ありゃおかしなこともあるもんだな。春だというのに、つばきの花、一つも咲いてねえなぁ、おかしいなぁ」と一人ごと言ってたど。

ところがその時、ポワーンと、一つ、つばきの花が咲いたと。

じいやは、にこにこしながらうれしそうに「ほー咲いたわい、咲いたわい」と、花を見上げてた。「そんじゃが、一つでは、何ともさびしいわい、つばきの花は、もっと咲くはずだがなあ」とそんなこと言ってたと。そしたら、またポワーンと、二つ目の花が咲いたと、「ほほー二つ咲いたわい。だが、つばきの花は、これだけでは、さびしいわい、もっともっと咲くはずじゃがなぁ」そう言ったら、三つ目のつばきの花が、またポワーンと咲いたと。

「ほほー三つ咲いたわい」と言って、足元の木の切りかぶに、腰をおろして、たばこに火をつけて一腹《いっぷく》。うまそうに、吸っては、はき、また吸っては、プワーッとはいていたと。「昨日は、たしか四っつ咲いてた、はずじゃがなあ」そう言って、もう一腹たばこに、火をつけようとした時に、みごとに、四っつ目の、つばきの花が、ポワーンと咲いた。とたんにドスン、ゴロリンとあのさっきのたぬきが、おちてきた。

そのかっこうの、おもしろいことおもしろいこと。

たぬきは、両手両足を使って、つばきの花に化けたのだから、つかまっとこなくなったもんだから、おちるのは、あたりまえだわな。じいやは、そらつかまえたと、たぬきを、つかまえたが、「これこれたぬきよ、人にわるさは、してなんねえぞ」そう言って、山へにがしてやったたってゆう話だ。おしまい。

(渡部　於秋)

どぶと兄弟

むかしあったど。あるところに、太郎と次郎という兄弟がいたぁど。二人は、とても働きもんだが、次郎のほうはちっとばっかし、みんなより、うすのろだったと。そんじゃぎんじょ二人は仲よく暮らしてただと。そのころは酒なんど、うってる店なんどなかったもんだから、どこの家でも、ドブ[※1]こせ[※2]で、飲んでたぁだど。

太郎も次郎も、酒大好きだったもんだから、んまあぐ、ドブ、こせっことおべで、その冬はかめっこさ、三っつも、こせただど。

二っつは、えんの下さかくし、もう一つは、はりの上さかくしておいただど。

太郎と次郎は、山さ木切りさ行ってきたってば、かめっこから、ドブ、すくっては、飲み、わらぜえ[※3]くして、背中さむいってば、かめっこから、ドブ、すくっては、飲んでだもんだがら、いつのまにか、二っつの、かめっこのドブ、みんな、飲んじまっただど。

ほれから、ちっとばかしたったある日のこと。

その日は、朝から、チラチラと雪が降ってて、そこ寒い日だった。

その日も、二人《ふたん》じぇ、わらぶぢしたり、なわもじったぁり、してだぎんじょも、二、三にち、飲まなかった。そしたらドブの味思い出して、飲みだぐなってたぁど。

飲みでえな、飲みでぇなぁってがまんしてたぁぎんじょも、だんだん、晩方になってきて、がまんしぎんにゃくなっちまって、次郎に、

「次郎、あの、はりの上さ、かくして置いた、ドブ、おろしても、いいでねえか、おろしてみっか」って言《ゆ》った。

次郎の方も、のどから手が出るほど、飲みたくなってたもんで、

「ほうだな、あんちゃん、ほうすっぺ」とって、おお喜びしたど。そんじぇ、はりの上さあげて置いた、ドブ、おろすことになった。

「オレ、上さあがって、おろすから、おめは、下で、受けとれよ、いいか」どって、よくいい聞かせたど。次郎は「うーん、いいとも」つって、ワクワクして返事した。

太郎は、荷なわをもって、うすぐれぇはりの上さ、あがってった。

今まで、でえじに、しまっといた、ドブのかめっこ、ひっくりげぇんねように、荷なわで、ぎっちりしばって、うすぐれぇ下の方さ向かって、「ほぉら、おろすぞ、ぎっちり、つかめよ、げす[※4]つかむだぞ、げすだぞぉ」と太郎は、下にいた次郎に、よぉくいい聞かせたど。次郎は上の方から、ゆらゆら、おっちくる、かめっこ見てただげんじょ、あんちゃんが、「げすつかめ、げすつかめ」っちゅうもんだから、かめっこ、つかまねえで、わがげす、つかんじまったぁど。

太郎は、かめっこのげすと言ったのに、次郎は、ゆらゆらおっちくる、かめっこさ、手出しもしねで、うしろさまわした手でわがげす、ぎっぢりつかんじまったあたど。はりの上では、はらはらして「つかんだか、ぎっちりつかんだか」って、何回も言ったど。そのたび、次郎は、「つかんでる、つかんでる」っつって、手さ力いっちぇ、わがげす、ぎっちりとつかんでだと。

うすぐれぇ下の方さ向かって、太郎はしんぺぇで、しんぺぇで、しょうねぇもんだから、何回も、念を押したっつうな、そのたび、「あんちゃん、でえじょうぶだ、オレぎっちりつかんでっだから」って、そのたび、わがのげすぎっちりつかみなおしたど。「つかんだ、つかんだ」っつうもんだから、太郎は、安心して、荷なわ、はなしたど。ほしたとたん、かめっこは、ガターンとおちて、グシャッと、かめはぶっくれっちまってドブは、こぼれっちまったど。太郎は荷なわはなした時、おかしな音したもんだから、ヤヤッて気もんで、はしごおっちきたっけが、やっぱり、ドブは、次郎の足もとまで、おっかけて、白いのが、のろのろと流っちぇだと。次郎は、楽しみにしてたドブが、こぼれっちまったもんだから、両方の手でわがげすつかんだまま、ポカーンとして流っちぇぐドブ見てた。太郎も、おこるに、おこらんにで、「いたましことしっちまったなあ」って、いつまでも見でたと。次郎も「あんちゃん、ほんとにいたましことしっちまったなぁ」って、どんどん流さっち、庭さしみこんでいくドブを、トローンとした目で、いつまでも見ていただど。

いっちょさけ申した。

仲の良い兄弟のおはなし、おしまい。

※1 ドブ＝どぶろく　※2 こせで＝作って　※3 わらぜえく＝わら細工。

そうり、わらじなどのはきものを作ること　※4 げす＝お尻　（渡部　於秋）

しじゅうから爺さん

　ざっと昔あったと。
　爺さまと婆さまが住んでいたと。爺さまと婆さまは田んぼから稲穂拾ってきて、餅をついてイジコ※にしょって山に出掛けたと。
　そして休みに餅を食べて、残りを側の木の枝にかけておくと、どこからかしじゅうからが飛んできて木に止まって、残した餅をかじったので、爺さまつかまえて焼いて食べてしまったと。
　ところが少したつと腹がむくむくするので、へそを見たら羽の毛が一本生えていたので抜いてみたと。そしたら、
〽チンチンカラカラ、ピーツクピーツク御用の宝持って参れ
と鳴いたと。爺さまと婆さまはおったまげて家に帰り、お殿様にそのことを申し上げ

たら、殿様は大変喜んで、
「それでは爺さまのへその毛を引っ張り抜いて見せろ」と言ったと。
　爺さま引っ張ると、
　〽チンチンカラカラ、ピーツクピーツク御用の宝持って参れ
と鳴いたので、殿様は大変喜んで、「これはたいした爺さまだ」と、ごほうびをたくさんあげたと。

　すると隣の家に住む欲ばり爺さまが、この話を聞いて早速山に餅を持っていき、木にかけて休んでいると、しじゅうからが飛んできて木に止まり、その餅を食べたので、欲張り爺さまはそのしじゅうからを殺して焼いて食べてしまった。そしてへその毛を引っ張ってみたと。
　するとビリビリと鳴いたので、欲ばり爺さまがそのことを殿様に話すと、「へその毛を引っ張ってみろ」と殿様に言われ引っ張ってみたら、いきばったので糞たれてしまったと。殿様は怒って縄をかけ牢屋にぶちこんでしまったと。

※イジコ＝縄か、シナの皮などで編んだ野山で採集する袋。手作りリュックの類、
　形、大きさ、いろいろあるが、背負うもの

殿様をばかした男

むかし、働き者がいて、独り暮らしをしていたが、よい嫁をもらいたいと思っていたところ、美しい賢い女が尋ねてきて、

「おれ（わたし）、お前の嫁になりたい」と言ってくれたと。

そこでその男の嫁になることになったと。

二人は仲がよかったが、男は田畑に働き、女は家事におわれて一緒に働くことができないので、

「お前がおれのために働くなら、おれの姿を絵に描いてやるから肌身につけて一生けんめい働くように」と持たせてやったと。

男は絵姿を身につけて、精を出して仕事していたと。

ある時その絵姿が、風にあおられ空高く舞い、お城に落ちてしまったと。これを見つ

けたお城の武士は城主のところに持っていったと。すると、殿様は、

「これはすばらしい女だ、この女をおれの嫁に迎えるからみんなで探せ」と命令したと。

家来どもは毎日手弁当で城外を探したところ、留守居をしていた娘の家を探し当てて、

「殿様がお呼びだからお城に参れ」と言ったと。

家来どもは娘を連れてお城に行き、殿様に会わせると、殿様は、

「絵にある娘にちがいない。わしの妻として迎えることにする」と言ったと。

でも娘は、

「おれには亭主があり、この絵はおれを忘れないで働いてもらいたいと思って亭主に渡してある絵だ」と言って、ふきげんな顔をしたが、殿様は気に入って、かくまっておいたと。

男は野良から帰ると嫁がいないので大さわぎしていると、近所の人がお城に連れていかれたわけを細々《こまごま》話してくれたと。

男は思案の末、飴《あめ》屋姿になって、お城の前で飴屋太鼓を打って様子をうかがっていたと。すると、殿様がそれを聞きつけて、

「おやおや芸人が来ているようだ。その芸人を呼び芸を見せたら、妻も笑顔になるかもしれない。芸人をここに呼べ」と言ったと。

早速飴屋は城中に呼ばれ、奥の間に通されると、嫁はきれいな着物に着替えさせられ殿様の脇に座っておったと。

殿様が男に、

「芸を披露しろ」と言うと、男はやったこともない芸を踊り始め、殿様も大変気に入り脇の妻もにっこり笑ったと。

殿様は、

「これはおもしろい、こんどはわしが踊ってつかわす」と、飴屋の着物を借りて踊ったと。ところが不細工で、なんの風情もない芸にあきれた妻は、

「これ飴屋、こんな殿様の芸は見たくない。お前の芸の方がりっぱだ、一刻も早くこの殿様を城から追い出せ」と言ったと。

殿様は城から、追い出されてしまい、飴屋の男がこんどは殿様におさまったと。

馬鹿婿話

昔あったと。

ある村にお金持ちの家があって、いい嫁を欲しいと探していたと。その内仲人がきて、気だてのやさしい嫁がみつかり、嫁にもらったと。

金持ちの親は大変りっぱな人であったが、息子はぬけさく※だったんだと。でも、嫁は縁あって来たんだからしかたないと思って、一緒に暮らしていたと。

そうして幾年かたって、嫁の実家で普請することになったと。

その日、金持ちの親が祝いに行くと、りっぱな普請ではあったが大黒柱に節穴があるのを見つけたと。父親は家に帰って息子に、

「おめえも婿だから行ってこなければなるまい。おめえが行ったら、まずりっぱな家ができたことをほめてやれ」と言ったと。そして大黒柱の節穴を見せてもらったら気にか

けると思ったので、

「気にかけなくてもいい。『こういうどこには火除けの御札を貼って隠しておけ』と言うんだぞ」と教えてやったと。

馬鹿婿が嫁の実家に行くと、実家では婿を案内して家を見せてまわったと。そのうち大黒柱の節穴のところに来ると、父親に教えられた通り、

「家はりっぱにできたが、大黒柱の節穴は気にかけなくてもいい。こういうどこには火除けの御札を貼って隠しておけ」と言ったと。実家では大変知恵のある婿さまだとほめたたえたと。

そのうち、息子は馬屋の前に案内され、りっぱな馬を見せてもらったが、馬のほめ方は教えられてこなかったので、馬の尻穴を見て、

「りっぱな馬だ。だけんどもこの穴は気にかけなくともいい。この穴には火除けの御札を貼って隠しておけ」と言ったと。みんな大笑いして、やっぱり馬鹿息子だと、とうとう化けの皮がはがれてしまったと。

※　ぬけさく＝まぬけ者

ぶんぶんたいこになるたいこ

ざっと昔あったど。意地の悪い殿様がいて、百姓をいじめては喜び、喜んではいじめていたぁと。

「こら百姓共、その方ら『ぶんぶんたいこになるたいこ、おそふき面《つら》に袖かぶり』っていうもの知っていっか。知らなかったら家さ帰ってだれに教わってもいいから、あさってまでにこしらって持って来《こ》ぅ」って言ったぁど。百姓らはそうだもの見たごとも聞いたこともねえから困っちまったぁと。そん中で一人の百姓が、家さ帰って年とったばあさまに話したぁど。そうしっとそのとしよりばあさまは言ったぁど、「かん蜂を捕って来い」[※1]。

百姓は、「かん蜂なんかなかなかめっかんねえし、めっかったってさされっと痛《いて》ぇからだめだ」と言ったぁど。そうしっとばあさまは、「なあに、今っ頃は梨の木の下さ行ぐと、落ちてる梨さ頭つっこんで梨食ってっから、それ取ってくっとささんにぇから大丈夫だ」と言ったぁど。そんじぇ、その百姓は梨の木の下さ行ったら、ばあさま言ったとおりかん蜂いたから、いっぺえ捕ってきたぁど。そしたらばあさまは、

「古[※2]めっぱの底抜いて両方さ、紙張っ付けろ。そしてそん中さ、かん蜂入れんだ。そうしっとぶんぶんたいこできっから、こっ[※3]しゃってみろ」って言ったぁど。百姓、言わっちゃとおりにこっしゃったら、なるほどそん中で蜂がぶーんぶーんと飛んでて紙にあたっとばたばたってたいこみてえに音しっから、

「ぶんぶんたいこできあがったが、おそふき面に袖かぶりはどうやってこしゃえんだ」ってばあさまに聞いたら、ばあさまに、

「なあに、そんじぇ、おそふき面に袖かぶりまでできたぁだから、それ持って殿んどこさ行ってみろ。行ってみっどわがっから」って言わっちゃぁど。そんじぇ百姓はそれ持って殿様のどこさ行ったぁど。そうしっと殿様あ出てきて、「どれどれこっしぇて持ってきたか。早く出してみろ」って言うから、百姓はぶんぶんたいこ出して殿様に渡したぁど。殿様はそのたいこを手に取って見ったぁが、やがて、「なるほど、これは、ただ持ってぶーんぶーんなっから『ぶんぶんたいこになるたいこ』だ。だが『おそふき面《づら》に袖か

ぶり』はどこにあんだ」って言わっちゃぁど。百姓は困っちまったけんじょ、仕方がねえから、

「ようく見て下さい。そうしっとわかっから」って言ったあど。そうしたら殿様はたいこをようく見たり、耳にあてたりしていたが、そのうちになんで音が出るのか、たいこの中を見たくなって、指にしたき※4つけて紙に穴あけたぁど。そうしたら、中からかん蜂がぶーんて出てきたもんだから殿様びっくりして、

「ふうっふうっ」角っ口して吹きながら、長い着物の袖かぶってしまったもんだから、百姓はおもわず、

「それそれ、それがおそふき面に袖かぶりでやす」って言ったぁど。そうしたら殿様も感心して百姓にごほうびをくっちゃぁど。


（弓田ムメノ）

※1　かん蜂＝カメバチ（スズメバチの方言）
※2　古めっぱ＝古い木製のお弁当箱
※3　こしゃる＝作る。「こしらえる」からきている
※4　したき＝つば

小牧太郎と名付けた狐の一笑

今は亡くなった年寄りの昔話を思い出したので紹介する。ここは下郷町大字白岩字小牧、塔の岪《へつり》の絶景で有名になり、今では大勢の観光客が訪れ賑やかであるが、昔はここを通行する人は極めて少なく、その附近一体は岩を廻らす大森林で狐が巣を作り棲息するには絶好の場所であった。たまたま通行人があるとこれをだましたのである。

或時、この集落の峯三郎という爺さんが旭田村大字中妻集落の親戚の結婚式に招待された帰途、この小牧地域に差しかかる頃には、日は正《まさ》に黄昏《たそがれ》の時刻であった。路傍の草《くさ》叢《むら》に一匹の狐が腰に里芋の茎を挟んで寝ているのに出会ったのである。峯三郎爺さん、これを見て、『この畜生め！　腰に芋の茎を差している様子を見れば、これは侍に化ける心積りだな』と思ったので、

「だんなさん、だんなさん」と声をかけて呼び起こしたところ、狐は立ちあがって一人

の武士に変身したのである。峯三郎爺さん、そこで考えた事には、よしよしこの侍を自分の家に連れこんで風呂に入れ、蓋をして懲らしめてやろうと企てたのである。その途中いろいろ世間話などしながら同行し、やがて自宅に着いたのでどっかと腰をかけ、風呂敷包さ貰ってきた数々の肴類をおろして、

「お侍さん、幸い風呂も沸いているようだから、どうぞお入り下さい」とお勧めしたところが、「いやいや燗見《※かんみ》という事もありますから、ご主人から先に」と言うて、なかなか先には入らないのでやむを得ず、峯三郎爺さん、自分から先に入る事にしたのである。

「まあ、これは結構な、よい加減だなあ」と一人言を言いながら歌でも歌おうかという気分になった。ところが突然に、「峯三やーい！　峯三やーい‼」と呼ぶ声が聞こえてくる。その声は隣の集落澳田の佐藤喜重という友人の呼ぶ声である。

「峯三やーい、どうした事だ。そんな泥田の中に入って、何事か」

と近寄ってきたので漸《よう》く目が醒め、前後の経緯《いきさつ》を話して持ち物を見ると風呂敷包も肴類も完全に持ちさられていたという、有名な小牧太郎と名付けた狐にだまされた一笑である。

※燗見＝お風呂の湯かげんをみること（酒飲みの時のことばからきている）（小山　保）

ばか息子の話

むかしあったと。

ばかな息子がいて、おっかあが亡くなって四十九日の法事をすることとなったと。

とっつあが息子に、

「寺さ行って和尚さま呼ばってこ」と言ったら息子が、

「とっつあ、和尚さまはどんなかっこうをしていんだ」と言ったと。とっつあは、

「すぐにわかる。和尚さまは黒い衣装着て高いところに座っていっから」って言うので、息子は寺の方に走っていったと。

そして寺に登っていく途中の木の上に真黒な烏《からす》が止まっていたので、ばか息子はこれが和尚さまだと思って「おっかあの四十九日の法事だからすぐ来てくんつぇい」と言うと、烏がカア、カアと鳴いたと。

家に帰って息子が、「寺に行って和尚さまに話したら、カア、カアって言って、来なかった」

と言うと、とっつあ「ばかだナー、それは烏っていうんだわ。もういっぺん行ってこ」

と言ったと。

「和尚さまはどんなかっこうしていんだ」とまたばか息子が聞いたら、「囲炉裏に座って丸くなって眠っていっから」と言われ、寺に走っていったと。寺に入っていくと、囲炉裏があってそこに猫がうずくまって眠っていたと。

「和尚さま、おっかあの四十九日だからすぐに来てくんつぇい」と言ったと。そしたらニャゴー、ニャゴーと返事したと。

家に帰って、

「ニャゴーニャゴーって返事したが来なかった」と言ったら、

「ばかだナーそれは猫だわ。そんなことでは用がたりねえ。とっつあ行ってくるから、おまえ囲炉裏に鍋かけておいたから見てろ」と言って、和尚さま頼みに出掛けたと。

ばか息子が鍋の火を見ていたら、煮えてきて、グズグズいいだしたと。息子は怒って、

「なんだ、おれがいっしょうけんめい火を燃やしてやっているのにグズグズとはなんだ」と言って鍋を土間にあけてしまったと。

そのうち和尚さまと、とっつあが帰ってきたら土間中マンマ※だらけだったので、そのわけを聞いたら、

「鍋のやろ、おれいっしょうけんめい火を焚いてめんどうみていたら、グズグズと言ったので土間に捨ててしまった」と言ったと。

「しかたのねえばかだ。それでは二階の甘酒でもごちそうするしかね」と言って、とっつあは二階にあがり、

「かめ二階からおろすから、かめのけつおさえていろよ」と言ってかめを放すとドシンと落ちてこわれてしまったと。

「なんだ、かめのけつおさえねかったのか」と言うと、息子は、「おら、おれのけつしっかりおさえていた」と言ったと。和尚さまはあきれて帰ってしまったと。

※ マンマ＝ごはん

小判と竹竿

「昔々あったーど」「へーんと」（聞く人の返事）

庄屋の息子と百姓の息子はとても仲良くて、いつも一緒に遊んでいたど。

やがて、二人はよい若者になり、それぞれ結婚したど。

ある日、二人は草の上に横になり、青空をみつめながら生まれる子供のことを話していたど。

「もし片方が男の子で、片方が女の子だったら俺達の子供達を結婚させよう」

「そうしよう、きっとだぞー、家柄の違いなぞ何でもないよな」

というわけで、父親同志でこんな約束をしていたど。

二人の妻達は同じ頃、お産をすることになっていたど。

さて、こっちは鎮守様のお堂、そこでは神様達が話していたど。

「やれやれ両家共、無事に赤ん坊が生まれた」

「それでどうだった？」一人の神様が尋ねたど。

「庄屋は男の子で、百姓の伝兵衛の所は女の子だった。男の子には竹竿を、女の子には小判を授けてきたよ」

「そうか、それはよかった」

二人の赤ん坊はそんなことなど知る由もなく、すくすくと成長していったど。

庄屋の息子はみんなが振り向く程の美男子に育ち、百姓の娘は丸々として、余り気りょうはよくないが素直で、よく働く、気立てのよい娘に成長していったど。

そして、親の約束通り二人は結婚した。

しかし、庄屋の息子は遊び好きで、家にも余りよりつかず家業もおろそかにしていたど。

仕方なしに、女は実家に帰ってしまったど。

それから何年か経ち、女は遠い村に嫁いで行ったど。女はよい夫にめぐり会い、子供にも恵まれ、よく働くので、暮らしむきもよく、仲むつまじく幸せに暮らしていたど。

ある秋の夕暮、戸を叩く者があったど。

『こんな寒いのに、今頃誰だべ』と思いながら女は戸を開けたど。

うす暗がりに立っていたのは一人の乞食だったど。

女は一目ですぐに、その乞食は、かつて自分の夫だった男だとわかったど。

女は、これでも、かつては自分の夫になった人だと思い、かわいそうになり、大きいおにぎりを作って、中に、小判をにぎり込んで渡したど。

その男には連れの乞食がいたど。それで、もらったおにぎりを、連れの乞食に半分あげたど。

しかし、中の小判は連れの乞食にあげた半分の方に入っていたーど。

ざっと昔さけた。[※]

※ ざっと昔さけた＝昔話の終わりのきまり文句

（語り　湯田シノブ・聞き手　佐藤　純江）

ままっこと白鳥

昔あったと。あるところに三人の娘がいて、かかさまが亡くなって、そのあとに別のかかさまがきたと。

そのあとかかさまはとても意地悪で、とっつぁまが関東に出稼《でかせ》ぎの留守中娘たちをいじめたと。

あとかかさまは上の姉娘にヘラを出してきて、

「このヘラで山に行って萱を刈ってこう」と言いつけたと。

二番目の娘には籠《かご》を持ってきて、

「この籠で釜に水汲め」と言ったと。

三番目娘には生木《なまき》を持ってきて、

「これで釜に火を焚《た》け」と言いつけたと。

三人の娘は困ってしまって、しくしく泣いていたら隣のばあさまが来て、「なんだおめら、なぜ泣いていんだ」と、聞いたと。三人の姉妹がわけを話すと、ばあさまは、「それはむりな話でかわいそうだ。ほんにしょうねかかだ」と言って、考えた末一番娘には、「ヘラで萱刈れねから一本ずつ折ってとってきたほうがよい」と言ったと。

二番娘には、

「籠では水汲めねから、おれの手拭に水をふくませて籠に入れて持ってきたほうがよい」と言ったと。三番娘には、

「生木で火を燃やすことはできねえから、山さ行くと枯木がたくさんあるから拾って持ってきたほうがよい」と言ったと。

娘たちはばあさまの言った通りにしたと。

するとあとかかさまが帰ってきて、こんどは姉妹に、

「この釜に萱の橋をかけて渡れ」と言ったと。一番娘が、

「いやだ」と言うと、釜の燃し木で叩かれたと。しょうがないので一番娘はクタクタにえたつ釜を渡ろうとしたが、萱の橋なもんだから落ちて死んでしまったと。

あとかかさまは、二番娘も三番娘もみんな釜の中に落として死なせてしまったと。そして一番娘は馬屋のすみに、二番娘は部屋のすみに、三番娘は流しのすみに埋められてしまったと。

そこに前に来た隣のばあさまが来て、

「なんだ味噌煮か」と聞くと、あとかかさまは、

「そうだ味噌煮だ」と言うから、ばあさま釜の蓋をとって見たら味噌豆ではなく、人間の臭いがしたので、たまげて逃げていってしまったと。

とっつぁが出稼ぎから戻ってきて、トンボ口から入ると白い鳥が、馬屋のすみから飛んできて、

〽めいどのかかさまいたならば

萱の橋も渡らせまい

籠で水も汲ませまい

生木で釜も燃させせまい

と鳴いたと。

これは不思議なことだと思っていると、こんどは部屋のすみから白い鳥が飛び出して、

〽めいどのかかさまいたならば

萱の橋も渡らせまい

籠で水も汲ませまい

生木で釜も燃させまい

と鳴いたと。そしてまた流しの方から白い鳥が飛んで出て、

〽めいどのかかさまいたならば

萱の橋も渡らせまい

籠で水も汲ませまい

生木で釜も燃させまい

と、三羽の鳥がとっつぁの頭の上を飛びまわったと。とっつぁ、たまげて※、あとかかさまを追い出して、三人娘の供養のために坊さんになったたと。

（湯田シノブ・聞きとり 佐藤 純江）

※ たまげて＝おどろいて

大内のオチョウさん

むかし、会津にとっても偉い殿様がいたそうだ。会津の大内（現在の下郷町大内）という村に、オチョウというとっても聡明《そうめい》な娘がいるということで、一度試してみたいと考えた。

オチョウはなにをやらしても、ちっとも落ちなくやるし、仕事は早くきれいにやるし、たいした評判の娘だったそうだ。

殿様は、あるとき、家来《けらい》を娘の家にやって、「石で巾着縫《きんちゃくぬ》って来るように」と命じたそうだ。

家来は娘の家さ行ぐのに、「はて、殿様が『石で巾着縫って来い』と言《ゆ》ったたって、石でどうして巾着縫われっか」と、首を振り振り娘の家さ行って、「殿様が『石で巾着縫って来るように』と言われた」と話したらば、オチョウは「はい、わかりました。石で巾着縫いもしますが、それでは、砂で撚糸《よりいと》撚《よ》ってきて下され」とすぐ返事をしたと。
　家来が帰って、そのことを殿様に話したら、殿様は、「これは参った、参った」ということになったそうだ。

（話　田島　神田ツルヨ・採録　田島　神田　直哉）

天狗になった兄坊主

昔ある山寺に、和尚さんと二人の弟子坊主が住んでいたと。

ある日、和尚さんが用事ができて都に行くことになったと。

和尚さんは二人の弟子の兄《あに》の方に、

「おれの留守のあいだ、おまえは山に行って、焚き木をたくさん集めておいで」

弟の方には、

「お前は兄弟子の集めた焚き木で湯をわかしたり、ごはんの用意をしたり、そうじをしたりしっかり留守番をするんだよ。二人とも火の元には十分注意してな」と言って都に旅立っていったと。

留守居の二人は和尚さんの言うとおり、それぞれの仕事をしていたが、台所の餅米が一回ごとに減っていくので、弟分は不審に思って、

「兄さん、一日ごとに餅米が減っていくのだがどうしたことか」と尋ねた。兄弟子は、「それは不思議だ。おれは毎日おにぎりしか持っていかないのに」と言ったが、どうしたことか毎日餅米が減っていったと。

今日は旅に行った和尚さんが帰ってくる日だ。

いつものとおり兄弟子は山に、弟弟子は寺留守居していたので弟分が和尚さんの迎えに出たと。和尚さんが石段の中段ころにさしかかると、大きな杉の木の枝より天狗があらわれ、

「おれはこの山の大天狗だ。おまえの留守に二人の弟子たちは大変よく働いたので、今晩はぼた餅を作って食べさせてやれ」と和尚さんに言った。

和尚さんは驚いて、早速ぼた餅を作って弟子たちにごちそうしてやったと。でもあんまり餅米が少ないので弟子たちに尋ねてみたが、どうしたことかわからないと弟子たちは答えた。

そうしたある日、和尚さんはまた旅にでかけることになり、いつもの山寺の生活が続いた。

今日は和尚さんの帰る日なので弟弟子が迎えにでたと。高い石段を登ってくる和尚さ

んが杉の木の下まで登りつめると、また大天狗があらわれ、

「おれはこの山の大天狗だ。おまえの留守に二人の弟子たちは大変よく働いたので、今晩はぼた餅を作って食べさせてやれ」と和尚さんに言った。

和尚さんは、

「よしよし、参った[※]」と言って杉の木を見上げると、どこからともなくたくさんの鳥が飛んできて天狗におそいかかった。大天狗は、

「痛い、痛い、参った、参った」と言ううちに天狗の面がはがれ、天狗と面がばらばらになって、和尚さんの前に落ちてきたたと。

よく見たらその天狗は兄弟子で、毎日餅米を盗み出しては山に行って餅を作り、天狗の面で和尚さんを驚かしていたんだと。兄弟子は、

「こんどからはこんな悪いことはしませんから、許してください」とあやまったと。

情けの深い和尚さんは大笑いして、「今晩もぼた餅を作ってやるから、たくさん食べるがよい」と言って兄弟子を許してやったと。

※ 参った=困った（「降参した」という気持ちで言うことば）

（下郷町老人会）

ねずみのくれたふくべっこ

むかし、じさ[※1]とばさ[※2]がいて、毎朝ごせんぞさまにお水をあげておった。ところが、あげるとすぐちょろちょろっとねずみがきて、飲んでしまう。ごせんぞさまより先に、みな飲んでしまう。ばさ腹立てて、「一つ熱い湯でもあげてやりましょう」とて、すりばちに熱いお湯を入れ、ごせんぞさまにあげた。すると、さっそくねずみが出てきて、あれっという顔をした。ふうふう、湯気たってるものな。ねずみ、回れ右して帰っていった。ばさ、手をたたいて喜んだ。「さて、川へ行ってせんたくするべ」

ばさが川へ行ったあと、じさがひょいと見るとこれはまた、たまげた。いつのまにか、としよりのよぼよぼねずみがきて、お湯の中につかっている。ちゃぷんと出て、また入っては、目なんぞつぶって、てぬぐいのせて、「ねずみめ、とんと、温泉にでも入っとるつもりだわ」じさものんきで、ずっと見てたわけだ。

やがてねずみも帰っていったので、じさもよっこらしょと、山へしばかりにでかけた。すると、どこかで呼ぶもんがある。

「じさ、じさ」はてね。「じさ、じさ」あれえと見回したら、足元に一匹のねずみがいた。

「じさ、さっきはうちのじいをゆっくりとお湯に入れてくれて、ありがとうごあんした。おかげで腰もしゃんとしたし、足のいたみも、ぺろっととれたす。お礼に、このふくべ[※3]っこあげるす。山でおそくなったとき、このふくべっこころっところばして、中へ入ってみれ」

じさ、ねずみのいうことがきになってたまらん。

そのうち日が暮れてきた。それそれ日が暮れたぞと、ふくべっこころばして中をのぞいた。すると、ぺろっ、チャン、チャン、チャン、ピーヒャラ、ピーヒャラ、ドン、ドン、ドン。

そこはねずみのごてんで、ねずみがおはやししていたと。

「さあ飲んでけろ、さあ食べてけろ。じいさま、じいさま」

ねずみがごちそうしてくれる。

「足もみましょ、肩さすりましょ」

ねずみが優しくしてくれる。

「ばさとちがうなあ」

じさ、いい気分で家に帰ってきた。

毎日いい気分で、夜おそく帰ってくるもんで、ばさおもしろくない。

「じさ、なにしてるんだべ」

ある日ばさはなんばんみそこしらえた。辛い辛いなんばんみそだ。さて、作ったが、どこさ入れるべ。あたりをさがしたら、ねどこのすみに、いいふくべっこあった。これこれ、これに入れましょうとて、なんばんみそをつめこんだ。そこへじさ、山から走ってきた。ふくべっこ忘れたもんで、あわてて取りにきたわけだ。したらば、ふくべっこにみそつまっとる。じさ、ふくべっこかかえて川さとんでった。ざぶざぶ洗って、水流してはらっぱに走っていって、ころばした。べろっ、中さ入ると、ごてんはなくて、薄暗い野原が広がっていた。どこかで、くにょくにょ声がする。お経をよんでる声だ。

「おーい、おーい、ねずみ。もうしわけないことをした。出てきてくろよー」

すると、坊さまねずみが一匹、よたよた出てきて、

「辛い辛い山くずれがどうっとおしよせて、そのあと大水でて、皆流されてしまったあ」

そういって泣いたと。じさも泣いたと。

※1　じさ＝おじいさん
※2　ばさ＝おばあさん
※3　ふくべっこ＝ひょうたん

（玉川　綾子）

天の羽衣

松原が遠く続く白い浜辺に一人の男が釣りに出かけました。
すると、海辺の木に一枚の衣がかけてありました。その衣の色のあざやかさは漁師が
それまで見た事もない立派なものでした。
漁師は「これを持ち帰って、我が家の宝にしよう」と思って家へ持ち帰り、二階の箱
の中に入れてしまいました。
そして再び浜辺の松原のところに来ると、一人の女が泣いていました。
「どうしたの?」と声をかけると女は、
「私は天上の世界から水浴びに来ました。今、天上の世界は暑くて暑くて、友達と一緒
に降りてきて海水浴をしていました。しかし、私の衣がなく、友達は皆天上に帰りまし
たが、私は帰ることが出来ず、こうして泣いているのです」

「それはかわいそうだな、よければ私の家へ行って、しばらくすごしなさい」

というわけで、天女は漁師の家に住むことになりました。

そこは男と女の仲、二人は結ばれて赤ん坊が生まれ、名前を太郎とつけ、三人は仲むつまじく暮らしていましたが、太郎が大きくなった時、漁師は寝物語に、

「母さまは、本当はこの世界の人でなく、天上から降りてきたのだよ……そしてその時の衣は二階の箱の中に入っているのだよ」

と幼い太郎に話してきかせました。

母は月日が経つにつれ、天上の世界や友達の事を思い出し、考えては泣き暮らすようになりました。

太郎も大きくなり、ある日、太郎はお母さんにどうして泣いているのかと尋ねると、母は、

「天上の世界へ帰りたいが、衣がなくて帰れない」

と言うと、太郎は父から寝物語に聞いた事を思い出し、

「衣なら二階の箱の中に入っているとお父さまが言っていた」

と言うと、天女は二階に行き箱の中から衣をとり、太郎をつれて天に昇っていってしまいました。

夕方になり、漁師が釣りから帰ってみると、人気がない。「太郎、お母さん！」と呼んでも何の応答もない。家の中隅々まで探しまわり、家のまわりで「太郎！　太郎！」と探しまわっていると、その叫び声をきいた隣の人が、「太郎はお母さんと二人で、天に昇っていった」と教えてくれました。

漁師はしばらく考えていましたが、ある事を思い出しました。

一晩で天まで届く豆のタネを思い出したのです。その豆を求め、しかし、これには、一晩のうちに千《せん》かた（千杯）の水をかけなければなりません。一かた、二かた、三かた……と、一生懸命水をかけました。

しかし九百九十九かたの水をかけた時、「コケコッコー」とニワトリが鳴きました。

さあ大変だ。こうしてはいられない。犬と一緒に豆の茎を登りはじめました。最上まで登ってみると一かた足りない分、天上に届いていない。そこで、犬を先に天上の世界に登らせ、犬のしっぽにつかまって「グイーッ」と天上に上がりました。

天上の世界は広い、広い。どっちへ行ったらよいか、見まわすと遠くに一軒の家が見えました。

そっちへ歩いて行くと、太郎が外で遊んでいました。太郎に近づくと、太郎は大喜びで家へかけ込み、

「お母さま、お父さまが見えられました」と言うと、天女は、

「ウソつけ、お父さまが見えられるわけないでしょ！」と言いました。

そこへ漁師と犬が見えたので、二人はそこで暮らすことになりました。

家の裏へ回ると、キュウリが作ってありました。

天上の世界は日照りで暑くて暑くてしかたがありません。家の前の川はカラカラに干上がって水一滴ありません。

キュウリを取ってはダメ、と言われました。キュウリから一滴の水滴が出れば大洪水になると言われていましたが、漁師はのどがかわいてどうにもならず一本取って食べようとしました。とたんに天の川は大洪水になり、天女と太郎は東へ、漁師と犬は西へと流されてしまいました。それで天上の神さまはその家族をかわいそうに思い、年に一度

だけ逢えるようにして下さいました。

それが七月七日です。

地上では人々は「たなばたさま」と言って願いごとを書いて晴れるのを願っています。

天上では天の川でへだてられた織姫と彦星の会う日、そして太郎と漁師、天女と太郎の会う日として逢える日を地上から願っています。


（佐藤　純江）

桃の節句のヒシモチの話

古代インドの話からします。

インドで橋をかける工事が行われていました。度重なる洪水で工事が思うようにはかどりません。それはおそらく川底に住む竜の怒りである、ということで、人柱を立てました。

その土地の娘達は次々と人柱になり、最後に残ったのは一人だけになりました。そこで、最後の一人だけは竜にあげたくない、とみんなで考えたあげく、人間と同じ味のするヒシの実をあげ、工事は難なく進み、橋は出来上がったそうです。

それ以来、桃の節句にはヒシの実の形にちなんで、モチをひし形に切って飾るようになりました。しかし、この習慣のお供え物は地方、地域によってさまざまです。

（佐藤　純江）

桃の節句

今日は三月三日、桃の節句です。おひなまつりです。私達が小さい頃から親しんでいる年中行事の一つです。

それで今日は「おひなまつり」の由来についてお話します。


昔、娘のそばに置いてあった人形が、ある日話しました。

「わたしを川へ流して下さい」と。

びっくりした家族は不思議に思いながらも、その人形を持っていって川に流してやりました。人形はゆっくりと川岸の方をゆらゆらと流れて行きました。

家へ帰ってみると、高熱でうなされていた娘がニコニコ顔で「おかえりなさい」と言って迎えてくれるじゃありませんか。

この話が村中に伝わって、それからというものは、女の子が生まれると、元気に育つように、という願いをこめてお祝いするようになりました。これがひなまつりの始まりです、というのが昔話のあらすじですが、もう少しほり下げて詳しく話します。

（玉川　綾子）

桃の節句、おひなさま

ひなまつり、この習慣は一体どこから来たのか？

昔、昔、大昔、太古の時代までさかのぼって、本当にあった大昔の昔話をご紹介します。その始まりは、太古の中国、ずっとずっと昔の中国で、三月の一番初めの巳《み》の日に身を清め、不浄を払った後に宴《うたげ》を催す習慣がありました。日本にも人形に身の汚れを移して海や川に流す行事がありました。

これが平安時代（七九四年頃）に日本に伝わり、宮中の人形遊びと結びつき、貴族社会で「ひいな遊び」として発展した大人の遊びだったのです。次第に子供の遊びになり、今のような形になったのです。

江戸時代の初期、京都の御所で盛大なひなまつりの催しがあり、それ以後、武家社会にひろまりました。最初、紙の人形を使い「厄払いの人形」が「流しびな」として川に流されていました。

江戸時代に幕府が三月三日と決め、人形を流すようになりました。

ひいな遊びは、人形ということから、桃の節句、女の子の節句という考えが定着しました。最初は這子《はうこ》と言って幼児の形をした、はいはい人形のようなものが、次第に着物などを着せる遊び道具になり、また、流しびなから飾る人形に変化していきました。

中国では、桃は邪気を払うとされ、日本でも桃は魔除けの木とされ、厄払いや健康祈願をする日とされ、これが桃の節句と呼ばれるようになりました。

（佐藤　純江）

大力楢原玄蕃伝

旧楢原に大竹玄蕃という力持ちがいた。

関東に出稼ぎ先からの帰り、大峠を越え、三斗小屋の道をトボトボと故郷に向かっている時、加藤谷川原で直径五〇センチほどの安山岩の丸石を二個見つけて「稼ぎは少なかったが、せめて村の奴らをたまがしてみべえ」と、その石二つを両手でヘイホウ（お手玉）のようにつきながら村まで持ってきた。記念に軒場に並べて「これ金の玉なら力のない奴ら、ばらしてでも盗んでなくなってしまうべな」と時々独りで笑っていたど。

ところが石でもやっぱり盗まれた。

明治十六年、新県道開設のとき、その一つを石屋が割って道路の石垣に積み込んでしまった。

これを見た心ある人がとめたので、一つは無事残った。生家より道路をへだてた向かい側に今も保存されている。

玄蕃は筏乗り、木流しの業もしていた。現代のようにダムもなく鶴沼川・大川（阿賀川）の水を集めて大流となり、越後の海に出る事が出来た時代のこと。玄蕃は七組の筏を組んで木材を運んでいた。

ある年、筏で下っていくと、たまたま雨屋《あまや》村（現在の会津若松市大戸町）の川岸で釣りをしている人に出会った。その人は会津藩家老簗瀬《やなせ》三左衛門であった。

「いま釣れるから待て」と命ぜられ、淀に寄せてとどめていたが、あまり長い間待たせるのでしびれを切らし、七組筏を石河原に引き揚げて、ガラ、ガラ、ガラと引っ張り出したので、大地が割れそうなとどろきであった。

驚きあきれた御家老は、「下郎、一寸待て」と声をかけた。「お前の力はすごいのう。ぜひ屋敷に遊びに来い」と約束した。

改めて家老宅を訪れ、正客待遇でごちそうになり泊まって来た。玄蕃はお礼のため銘木を背負って家老宅に届け立派な門を造った。簗瀬家のいわゆる一背負門《いっしょいもん》である。

その後、越後国から力比べのため、大力無双の男が会津のお城に来た。まず相撲を取ることになった。数多くの若者達が相手に出たが、皆負けてしまった。

そこで、この不甲斐なさを見ていた殿様は簗瀬三左衛門に、「心当たりの大力持ちはおらぬか」と問われた。家老は、「大竹玄蕃という者が丁度泊まっているので呼び出しましょう」と言うことで、玄蕃と越後大関との立会いとなった。

玄蕃は相撲の手などわきまえていなかったが、相手が何回突いてきても、自若として動ぜず、最後に相手をおさえつけ、みるまに、高く持ち上げて、たちまち土俵に投げ飛ばした。越後大関はもう動けず、立ち上がれない。

玄蕃は砂の中に小石が混じっていたのを拾って、手の指で砂に砕いて平らにした。殿様はこれをおほめになり、玄蕃に「荒砂」のしこ名を賜った。これが今でも草相撲の時、楢原選手のしこ名として踏しゅうされている。

玄蕃は越後大関に勝ったので殿様がごほう美に酒を下さった。

「酒は飲めるか」との殿様の言葉に、「至って下戸で申し訳ございませんが、せっかくのご下賜、かたじけなく一杯だけいただきます」と言って一升盃になみなみとついだものを一息に飲み、一升、また一升と、三升も飲み干した。

さきに、会津の城で玄蕃と相撲を取って投げられた越後の関取は、敵討の名目で、越後から、はるばる楢原目指して氷玉峠を急いでいた。そして大内宿までようやく辿りつき、

「途中沿道の並木が無惨にへし折られ、なぎ倒されているのはどうしたことか」との問いに、茶屋の女は、「玄蕃が馬を引いて通りすがりに、邪魔になる木を手折って通った跡だ」と言ったので、「あんな大きな木々まで手折るほどの怪力者なら、手合わせしても負けるが必定。命も危ない」と観念し、「くわばら、くわばら」と諦めて、大内宿からくるりと西へ、生まれた越後へ引き返して行った。この道は今も玄蕃の馬ひき道と呼び伝えられている。

玄蕃の妹も力持ちで隣家に嫁いだが、ある年、夫は大晦日の夜になっても働きから帰ってこないので、妹は兄の家に行って「内緒で米一俵貸してくれ」と頼んだ。

「よし雨戸を開けておけ」と言って、玄蕃は米一俵を片手に掴んで行き、投げ込んだところ、家の中では妹も片手で、まりを受けるようにして受け取った。

しばらく時が過ぎてから、妹が、「兄《あ》んにゃーおやじ（自分の夫のこと）帰ってきた

ので、米返すから雨戸開けてくんぜえ」

そして妹は片手で米一俵さげて、こっそりほうり込んだ。兄の方もまたこの米をまりのように片手で受けた。よく見ると米俵にはお歳暮の大塩鮭が結い付けてあった。

とにかく大力持ちの血統であったが、女人の力持ちが生まれると、その力の遺伝は絶えると言われており、それ以後、兄妹両家ともに力持ちは出現していない。

玄蕃の墓碑は楢原の円福寺にあり、戒名は「一誉道教居士」。この戒名は会津と安積の布引山境争いが相撲の勝負で決着した時、玄蕃が勝って、会津に凱歌があがったので殿様からもらったものと伝えられている。

（佐藤　純江）

＝付録＝

小話

おらが　となりの
まごさぶろう
のみに　ちゅうなに
やりかんな
ひっからげて
ひっちょって
シャークシ　ぶーちに
おーじゃった
一の坂《さ～か》　二の坂《さ～か》

三の坂の　ふんもとで
まずは　ここらで
　ひとやすみ
さわー見れば　サーフタ
峰みれば（みねーみれば）
　峰ばり
三年三月《つき》　九十九日
　かーかって
シャークシ三本
　ぶってきた
代官ドンの犬と
　庄屋ドンの犬が
わんから　わんと
　吠えてきーた

そーれをシャクシで
　ぶったれば
シャクシのガンバラ
　ぶっさけた
あれわいサー
　これわいサー

（室井　八郎）

＝佐藤ツネさんの思い出の記＝

「語り部」として、子どもたちと心の交流

佐藤ツネ（さとう　つね）さん〈福島県　85歳〉

福島県の会津若松市に近く、周りを山に囲まれた下郷町。冬は雪に包まれるこの町に住む佐藤ツネさんは、息子さん夫婦と2人のお孫さんに囲まれて、毎日をたいへん活動的に過ごしています。その元気の秘訣は何かな、と考えていると、こんな言葉がツネさんの口から飛び出してきました。

「朝御飯前に、野菜なんかいじくる（世話する）んだ。今はキャベツの虫取り」

あのモンシロチョウになる青虫を、一つ一つですか？

「そうよ。家で食べる分だけ作ってんだ。薬、つかわねえからね。手で取らないとね」

お話をうかがったこの時期は、あいにくの雨の季節でしたが、合間をみては家族みんなのために野菜を「いじくって」いるのだそうです。手間を惜しまず、愛情を込めて作っ

ている様子に、佐藤さんの物や人に対する考え方がよく表れているように感じられました。

○遠い昔を思い出して「語る」

そんな佐藤さんですから、趣味も多彩でとてもアクティブです。「野菜いじくることもないときは、近くを散歩してます」。ゆうに2~3キロぐらいは歩くといいます。さらに、写真、俳句、ゲートボール……。「やりたいと思うもの、みんなやってんのよ」と語る佐藤さんの心を、特に揺らしたものがありました。

平成13年、昔話などを後世に語り継ぐ「語り部」との出会いです。南会津地方老人クラブ連合会主催「語り部養成講座」で、別の町の星シゲノさんの昔話を聞いたとき、「あれ……」と感じるものがあり、すぐに「やってみよう」と思ったのだそうです。若い人に劣らぬスピーディな行動です。「なあに昔を思い出してやってんですよ」というように、子どものころの懐かしい風景を思い出したことがきっかけになったのでした。

レパートリーの中でも、佐藤さんが大好きなお話は「タヌキとキツネの智恵くらべ」。

ちょっとさわりだけでもお話ししていただけますかとお願いすると、「駄目よぅ」と照れ笑い。「それに、話の季節に合わせて、時期をみて話すのよ」。

活動場所は、主に地域の小学校です。子どもたちは、いすではなく、板の間にぺったんこに座って聞きます。「そうだね、短いのだと5分、長いのだと20分あるかな」。「子どもたちが、自分の話よりもよく聞く」と、校長先生から直々の評価もあるほどに、佐藤さんのお話は聞き手を引き込みます。

昔の話ですから、子どもたちが理解しにくい言葉もあるのではという疑問に「話す前に、昔は炉端《ろばた》をゆるいって言ってたとか、この言葉は方言だよと教えます」と細かいところにも、気配りをします。

○子どもたちの目の輝きがうれしい

語り部活動でいちばんうれしいと感じたことは何ですか？

「子どもたちが目を輝かして話きいてくれること。それから、スーパーや道で会ったときに、『またお願いしまーす』とか、『今度いつ来てくれるの』なんて声かけてくれんのよ。覚えててくれたんだと思うとすごくうれしいな」

ときには、ファンレターをもらったりすることも。先日は、写真をあげた小学3年生の男の子から「僕の宝物に、一生します」と書かれた手紙が届きました。

子どもたちの姿を思い浮かべながら、「次はどんな話をしようかね」と、今でも、家族が買ってきてくれるお話の本を読んで日々努力する佐藤さん。これからますますのご活躍がとても楽しみです。

受賞者を代表して、お礼を述べているところ　佐藤純江

後列左１番目　室井ミツ子さん（故人）、４番目　佐藤純江
前列右１番目　室井八郎さん

思い出の写真

内閣府よりエイジレス賞をうけた
左 湯田雄二町長、中央 佐藤ツネさん（町長室にて）

戸赤の山桜まつりで、お堂にて語る 渡部於秋さん

思い出の写真

「ひなまつり」で昔話を語る　室井八郎さん

町文化祭で、子供達に「ぞうりの作り方」を教えている　室井八郎さん

あとがき　――昔話、裏話の思い出――

私の家はタバコ農家でした。秋も深まり夜霧が降りる頃、広い居間は夕食が終わると「タバコのし」（タバコの葉をひろげる）の作業場に変わりました。いろりを囲んで、「のし板」をはさみ、二人一組で、夜霧で湿ったタバコの葉を切らさないように一枚ずつ広げて、ある量がたまると束にしました。

私の家では近所の若い女の人が何人か手伝いに来て、いつも四組か五組位で「タバコのし」をしました。

長女だった私は大人に混じって、毎晩タバコのしをしました。そんな時、眠くならないようにと、大人達は代わる代わるいろいろな昔話をしてくれました。

私は『南会津地方のざっと昔』の編集にたずさわり、郡内各町村の民話集を全部、何回も何回も読んでいるうちに、記憶の奥に沈潜していた「ざっと昔」が徐々に思い出されてきました。

母は「まま母」の話を、それを涙が出そうになったのをがまんして聞いたり、おじの

「バカ婿」「太郎と豆の木」、村の「へいほう石」も幼少より祖母から話を聞き、学校の往復にその場所を見て育ちました。今はみな故人となりましたが、語った人の面影や声とともに甦ってくるのでした。

しかし、どの町村にも、ほぼ同じ話があり、どれを選ぶかに時間がかかりました。似ているが、ちょっぴり違う。語る人の言葉のせいか、忘れた部分を自分流にアレンジしたせいか、とても面白く、楽しく読ませていただきました。

今は「語り部」などと呼ばれ、特殊な存在になってしまいましたが、あの頃は誰もが「ざっと昔」といって昔話を語り、つまり誰もが語り部であったのです。

そして、ざっと昔を語るのも聞くのも私達の生活の一部だったのです。

小学生の時、学校の帰り道で同級生から歩きながら、怪談も聞きました。

友人は「番町皿屋敷」や「ぼたん灯ろう」を歩きながら話してくれました。

昔話は大人達から子供達へ、友人から友人へと伝承されてきました。今後更に次の世代へと続く事を願っております。

佐藤　純江

参考文献

『下郷町史』（下郷町）

『南会津地方のざっと昔』（南会津地方老人クラブ連合会編）

話者一覧（五十音順）

神田ツルヨ

神田　直哉（採録）

小山　保

佐藤　純江

佐藤　ツネ

佐藤　基雄

下郷町老人会

玉川　綾子

室井　八郎

湯田シノブ

弓田ムメノ

渡部　於秋

編者略歴

佐藤　純江（さとう　すみえ）

1930年　南会津郡下郷町に生まれる
　　　　昭和女子大学英文科卒業後、同大学研究室勤務を経て公立中学校教師となり、早期退職

現　在　国際女性教育振興会会員
　　　　下郷町昔話の会代表

執筆・編集等
　　　　『近代文学研究叢書』（菊地寛賞受賞）
　　　　（昭和女子大学近代文学研究室発行）
　　　　　第１巻　初代文部大臣 森有礼　　執筆
　　　　　第２巻　女流翻訳家 若松賤子　　執筆
　　　　　第３巻　口語訳の先駆者 森田思軒　執筆
　　　　『南会津地方のざっと昔』
　　　　（南会津地方老人クラブ連合会編）　　編集

現住所　〒969-5332　福島県南会津郡下郷町中妻竹原552

カバー・本文挿絵

吉田　利昭（よしだ　としあき）

1950年　福島県田村郡小野町夏井に生まれる
1968年　会津工業高校デザイン専攻科入学
1970年　会津中合デパート販売促進課に入社
1973年　北日本印刷㈱に入社。2000年、あいづね情報出版舎㈲に配属
　　　　情報誌「Route49」、タウン情報誌・月刊「会津嶺」の取材・編集、及び各種冊子等の取材・挿絵等々を手掛ける
2016年　あいづね情報出版舎㈲を退社
2017年　第1回「私の好きな風景」水彩画展を開催。2019年、第2回「私の好きな風景」水彩画展を開催
　　　　絵画愛好会グループ「彩友会」の講師を務める

現住所　〒965-0834　福島県会津若松市門田町大字年貢町字大道東409-9

奥会津
下郷のむかしばなし

2020年6月17日第1刷発行

編　者　佐　藤　純　江
発行者　阿　部　隆　一
発行所　歴史春秋出版株式会社
〒965-0842
福島県会津若松市門田町中野大道東8-1
TEL　0242-26-6567
URL　http://www.rekishun.jp
e-mail　rekishun@knpgateway.co.jp
印刷所　北日本印刷株式会社